AF498455

guarning

Advertencia extraoficial

Este librito bonito no es apto para hombrecitos, favor de mantener su distancia; pueden sufrir una elevación en la glucosa sanguínea repentinamente.

este libro es top secret...

sólo para niñas bien cool!!!!

Animonias y **curitas** pa´la vida

marchanta escójaieee!!!   marchanta escójaieee!!!

Pásele marchanta ¿qué va a llevar? El kilo de curitas lo encuentra de rebaja, y los remedios "Quita penas" al 3x2, en el pasillo 3.

LLéVELOOO, LLéVELOOO!!!

Lléveloooo, lléveloooo, el pegamento para corazones rotos y la cinta masking tape están al mismo precio; y si busca marchantita el elíxir para el mal de amores, o el mejor remedio para quitarse la cara de pocos amigos, sentirse bien y así poder vivir la vida llena de alegría.

Todo lo que busca lo encuentra aquí...

LLéVELOOO, LLéVELOOO!!!

Promesa de la lectora

Yo _________________________ prometo leer este libro de principio a fin, sin saltar ningún renglón o párrafo, ni a pesar del mal tiempo así "llueva, truene o relampagueé"; leer todas y cada una de las páginas desde la primera hasta la última palabra de cada hoja, una y mil veces hasta que las memorice y mi cerebrito esté consciente de que vivir bonito es lo más importante en esta vida.

También prometo volverme una soñadora empedernida y alcanzar todos y cada uno de mis sueños por más disparatados que parezcan y así crear una conciencia en mí de lo que es mejor para mi bienestar.

Y sobre todo, prometo nunca echar en saco roto ninguno de los consejos que este libro tan bello me aporta. Y si esta lectura multicolorida y hermosa sembró en mí la semillita del optimismo, alegría y bienestar, me comprometo a compartirlo con mis múltiples amigas, conocidas y compañeras, para que ellas también descubran lo maravilloso que es...

Ah! también prometo decir no a la piratería, y no sacar copias.

¡Hola!
mi nombre es:
yossi quita...penas
y el destino quiso
que te conociera

Animonías pa'la vida

Curitas
pa'la **vida**

Curitas
pa'la **vida**

Animonías y curitas pa' la vida

Prólogo

Prólo... ¿Qué?
¡Ja, ja, ja!
Como nadie lo lee, no lo escribiré.

introducción

este libro está escrito para todas las chavas súper buena onda como tú, que les encanta vivir la vida de una manera positiva, que su meta en la vida es ser felices y disfrutar cada instante al máximo. Pero que, por azares del destino, se atravesó en su camino algún chico que atropelló su corazoncito; causando algunas heridas que aunque parezcan difíciles de sanar, podemos resanar, con unos 1000 curitas y algunas gotas de solución de amor, esperanza y felicidad.

Nunca cuestiones el por qué de las cosas y las situaciones, todo en esta vida tiene su razón de ser, todas las cosas que nos suceden son por alguna razón en especial.

Todo lo que se encuentra a nuestro alrededor está ahí por algo, así como cada una de las personas que se cruzan en nuestro camino formarán parte de nuestro desarrollo y crecimiento como seres humanos.

Trata de recibir todas las cosas tanto buenas como malas de la mejor manera posible, recibe todo lo que venga delante de ti con una gran sonrisa y camina con la cara en alto hacia tu destino, todo lo que te sucede es por una buena razón, y todo será por tu bienestar.

Mantén siempre en tu mente que todo pasa por algo, porque la neta "no hay mal que por bien no venga" por lo regular todo cambio siempre trae consigo algo muy bueno, los seres humanos siempre cambiamos para bien, nunca para lo contrario.

¡Da siempre la bienvenida a todas las cosas de la vida, con una gran sonrisa!

Este libro es para todas las chicas que viven la vida llenas de optimismo y vitalidad, para quienes disfrutan cada minuto del día y las 24 horas no son suficientes para demostrar lo felices que son con cada persona y situación que se encuentra a su alrededor. Para quienes piensan que el tiempo es oro, y como es oro… no podemos esperar para comenzar.

a continuación te presento algunas netas de este planeta…

animonía: Dícese de los remedios pa´ los diversos estados de ánimo que sufre un corazón atropellado. Inyectando ánimo y sabiduría pa´conseguir la alegría de la vida.

Uso: Todo el tiempo que se padezca el malestar, en dosis pequeñas o a lo largo del día, si existen sobredosis, ¡qué mejor!

Contraindicaciones: Ninguna.

Presentación: En libros maravillosos, como éste.

Vida: Sólo se vive una vez.

Uso: Vivirla con la mejor actitud posible. Se recomienda condimentarla con una pizca de chamoy o chilito piquín, pa´ saborear cada bello instante del día.

Presentación: Guapísimos o feitos, altos o chaparros, gordos o flacos, güeritos o morenitos, lampiños o peludos; pero lo más padrísimo, es que todos incluyen un corazón enorme, lleno de buenos y hermosos sentimientos. (Elige la presentación que más te guste).

Quienes abrimos los ojos a las minúsculas cosas de la vida, siempre encontramos la felicidad.

Quienes sabemos vivir la vida gozamos de cada momento, con todos nuestros sentidos.

Quienes conocemos el poder de nuestros pensamientos, intentamos encontrar la parte positiva a cada instante.

Quienes sabemos aprovechar las cosas placenteras de la vida, ¡Tenemos todas las herramientas para encontrar la felicidad!

¿Quieres ser parte de este grupo selecto de personitas especiales y optimistas que todo lo puede?, ¿Si?

¡pues adelante!

A nadie le gusta sentirse mal, por esta razón, debes disfrutar de la vida, descubre en todas las cosas que se encuentran a tu alrededor la parte positiva; alégrate de todas y cada una de las pequeñeces, por micro minúsculas que sean, aunque necesites el microscopio más potente de este planeta para verlas.

Vive de forma auténtica y llena de energía, las puertas de tu corazón y alma siempre mantenlas abiertas para recibir todo lo nuevo. El sentirte mega bien es una sensación muy cool y ésta conlleva muchísimas ventajas, tanto físicas como emocionales.

Al ser tú una personita mega feliz, todas las otras personas que se encuentren a tu alrededor, se sentirán a gusto con tu presencia.

"sentirse bien es algo maravilloso"

El ser alegre y feliz también significa ser honesto, no guardar rencores, desechar todo lo que te hace daño y vivir plenamente todas las facetas de la vida, como el dolor, la pena, el miedo, la pérdida de ánimo, entre otros; en pocas palabras, todo lo que conforma tu vida.

No olvides que debes recapacitar incluso en las situaciones más difíciles y hacer algo por tu bienestar.

Cuanto más te preocupes por sentirte bien, más a menudo lo conseguirás.

Éstas son algunas animonías para lograr ese bienestar del que tanto te platico:

Propaga alegría y vitalidad a todo tu alrededor a través de tus acciones.

Encuentra tu forma particular de expresarte, se...

¡auténtica!

Pasa un tiempo magnífico con tus amigos, disfruta una buena película, o de una plática agradable...

¡Desconéctate!

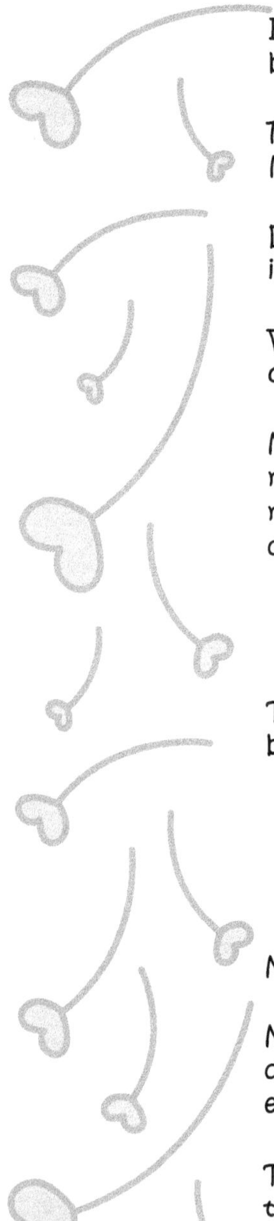

En lugar de darle vueltas a los problemas, da la cara a ellos, busca soluciones con tus acciones.

Resguarda los pensamientos positivos y elimina los negativos. Muestra tu mejor cara al mundo.

Disfruta con todos tus sentidos lo bello que nos ofrece cada instante.

Vive de forma alegre y optimista, si te lo propones, todo lo que te rodea será agradable.

Nunca trates de escapar a los sucesos desagradables, recuerda que de ellos aprendemos día a día, debemos reaccionar de forma positiva y también por qué no, hay que darles la...

¡Bienvenida!

Todo el tiempo van a suceder cosas que ponen a prueba tu bienestar y buen humor, pero recuerda que el buen humor es:

"la mejor autoprotección"

No intentes culpar a los demás por tus acciones.

No seas parte de ningún malentendido, para iniciar una discusión es indispensable que sean dos, tú no seas una de ellas.

Todos tenemos defectos, así como virtudes, pero siempre ten en mente, que sólo podrás cambiar lo que te incomoda de ti misma; grábate en tu mente que nunca, pero nunca de los nuncas, podrás cambiar a los demás.

neta 2 / la actitud

Lo importante es... la actitud

No mires hacia atrás, mira los nuevos y hermosos horizontes que están por venir.

Sueña y cada sueño trata de convertirlo en realidad, lucha por lo que quieres y mantén toda tu atención en tus metas por irreales que parezcan.

Fíjate metas y trata de realizarlas una a la vez, ocupa tu tiempo y tu mente en cosas positivas. Recuerda que el tiempo transcurre rápidamente y no debes desperdiciar ningún segundo de tu vida en algo o alguien que no vale la pena. Realízate como ser humano, haz todo con el corazón y verás que todos tus logros serán más gratificantes, no desgastes tus energías en pequeñeces.

Oportunidades sólo una vez en la vida, pero la mejor oportunidad que tenemos, es estar vivas.

Disfruta a tu familia, amigos, pareja y a tu mascota. Goza todos tus derechos y realiza con entusiasmo todos tus deberes, ayuda a tus papás. Vive intensamente tus días de ir a la escuela (nunca más se repetirán), haz tu tarea con gusto.

Escucha a tus amigas aunque tengas que escuchar 30,000 veces que terminaron con su chico y se sienten pésimo, porque ellas siempre estarán ahí para escucharte cuando más lo necesites; para eso somos las amigas, siempre ten en mente que cuando encuentras a una amiga encuentras un tesoro, y este tesoro estará ahí, en los momentos difíciles, en los gustosos y también en los chistosos, para toda la vida.

Lleva a pasear a Fido con gusto, quien quita y tropiezas con el chico de tus sueños a la vuelta de la esquina.

Recolecta alegría, esto influirá positivamente sobre lo que sientes, dale la bienvenida a todo lo bueno que la vida trae consigo.

Realiza todo lo que tengas que hacer de la mejor manera posible con todo tu corazón y con la sonrisa más grande que tus músculos faciales puedan soportar; sonríe sin esperar nada a cambio, recuerda que una sonrisa dice más que mil palabras y mejor contagia a toda personita que se encuentre cercana a ti de buena vibra.

Vive bonito y verás que todo lo que está a tu alrededor será maravilloso.

Procura tener algo contigo que te consuele el alma como las fotos de tu familia, amigas, de todos tus galanes, y hasta de Fido, porque son excelentes para hacerte sentir ¡Súper bien!

Si tu actitud es al 100% de una persona optimista, agradable, divertida, soñadora, audaz, inteligente, sonriente y de buenos sentimientos. Si eres de esas personas que no le teme a los problemas y tratas de resolverlos de la mejor manera posible; primero pensando y después actuando, sin dejar de lado las consecuencias y siempre pensando positivamente.

¡Felicidades... eres una personita muy valiosa!

Esta fórmula es la dosis perfecta para ser feliz, ahora la conoces a la perfección, compártela con las personitas qué más quieres; no olvides administrarla 3 ó 4 veces al día, y si sufres de sobredosis no acudas al médico, no existen contraindicaciones...

bueno eso dicen los...

Fórmula perfecta
para ser feliz y vivir
en armonía

40 % optimismo

20 % Buena onda

10 % sonrisas

10 % Abrazos

20 % Buenos sentimientos

100% ¡FeliCidad perfecta!

mi mejor accesorio es y será mi sonrisa

ortodoncia...

$15000

el lipstick de color chiclamino más lindo del departamento de cosméticos...

$150

pasta dental para blanquear la sonrisa...

$ 50

enjuague bucal con aroma a eucalipto y yerbabuena...

$ 100

el gloss con más chispitas de colores, de larga duración...

$ 150

lápiz para el contorno de labios indeleble, ése al que no se le saca punta...

$ 200

blanqueamiento dental con láser de la guerra de las galaxias...

$1000

y una sonrisa que proviene del corazón con toda la razón, más tres pizcas de buenos sentimientos...

¡no tiene precio!

La sonrisa es el accesorio más bello que cualquier ser humano puede tener, con ella transmitimos más emociones que un paseo doble en la montaña rusa.

Una linda sonrisa no cuesta nada y sin embargo es el accesorio que más nos puede embellecer, da luz a nuestra cara, a nuestra mirada y sobre todo a nuestro espíritu; con una sonrisa auténtica puedes comunicar todo lo que quieras decir sin necesidad de pasar horas hablando.

"No por nada dicen por ahí: Tus ojos son el espejo de tu alma", y ¿por qué no?, tu sonrisa también.

No hay nada más bello que ver la sonrisa de la persona de la cual uno se siente enamorado, esta imagen tiene el don de permanecer en nuestro cerebro por miles de millones de años y hacernos sentir felices cuando uno la vuelve a recordar. ¡Ahhhhhh!

La sonrisa es una de las mejores cualidades que poseemos los seres humanos para expresar nuestra felicidad y ésta posee la magia para poder hacer felices a otras personas.

La sonrisa es la máxima expresión de bienestar, alegría, interés y amor; es decir sin palabras un "Te quiero y no tienes idea de cuánto".

Mantén una sonrisa en tu rostro por todo el tiempo que sea necesario y te darás cuenta que cualquier cosa que hagas tendrá mejores resultados porque no hay mejor aliado. ¡Verás como tu día pinta de colores chiclaminosos maravillosos!

Y para seguir adelante una sonrisa por delante...

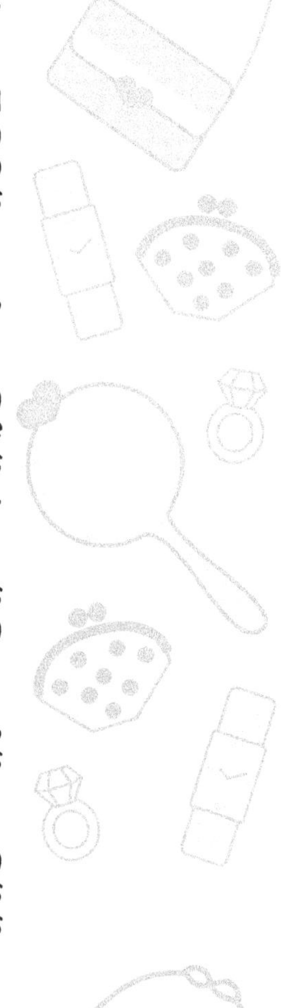

Duerme con ella y despierta de igual manera
y que ésta por pequeña que sea,
que siempre sea tu compañera.

¿qué onda con el amors?

el amor significa un te quiero pero a la mil potencia, es como llegar al cielo en un instante.

El amor es un sentimiento que habita en nuestro corazón, aunque en realidad se origina en nuestro cerebro, el cual transmite señales a nuestros 5 sentidos: vista, tacto, olfato, oído y gusto immmmmmmmm!

Porque al ver al chico que te mueve el tapete dices que buen gusto tengo ¿noooo?

Esto es a lo que muchas personas le llaman química.

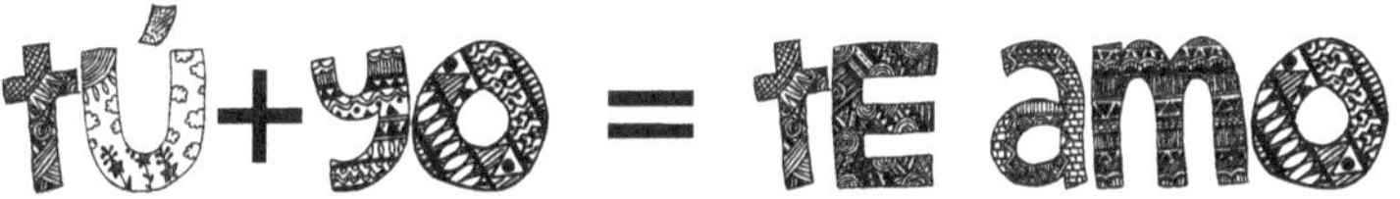

Bueno es un rollote, lo único que te puedo decir es que el amor es como viajar a otro planeta, en el cual se encuentra el chico que te fascina; sí, ése que te hace sentir mariposas en la panza cuando te mira y cuando se acerca a ti te hace sentir 101 partículas de amor recorriendo todo tu cuerpo.

Aquél que cuando escuchas su voz al teléfono, imaginas el cielo más estrellado, ese chico que cuando te toca la mano, sientes que recorren por todo tu cuerpo millones de descargas eléctricas pequeñitas, como cosquillitas que al mismo tiempo te erizan el cabello. Y al besarlo... no quisieras regresar de ese planeta tan maravilloso aún no descubierto, que en un principio no tenías plan de permanecer y del que ahora no quisieras volver.

para mi esto es el amor

¿y para ti?

para mi _______________
el amor es…

Sé que necesitarás más líneas para explicar todo tu sentir, pero puedes resumir_______________________________

____

____

____

____

____

____

____

____

____

____

____

____

____

¿y qué onda con el odio?

¿cuál es tu color favorito?
¿Rojo, azul, amarillo?

O alguna mezcla entre ellos, morado, naranja o verde, todos son colores muy lindos, sea cual sea tu preferido; pero ¿sabías qué el color negro es la ausencia de todos los lindos colores anteriores?

Pues lo mismo sucede con el sentimiento de ODIO, debe haber ausencia de todos los lindos sentimientos que habitan en nuestro interior como amor, paz, bienestar, alegría, esperanza o cualquier otro que venga a tu mente; por estas razones, el ODIO no debería existir y por este motivo esta neta no la voy a escribir.

el abrazo apretadooooo

El abrazo es el regalo más maravilloso que podemos compartir como seres humanos, con él podemos demostrar a otra persona cuánto la amamos y lo importante que es para nosotros. Al extender nuestros brazos transmitimos apoyo y solidaridad; porque un abrazo da ánimo al corazón triste y desamparado.

El abrazo es un adiós y un saludo sin necesidad de palabras, un abrazo se da y se recibe sin esperar nada a cambio. No existe edad, ni sexo para darlos ni recibirlos; podemos ser niñas, jóvenes, adultas o viejitas. También los podemos medir por su tamaño: grandes o pequeños; por su intensidad pueden ser leves, regulares o apachurrables (hasta tronar los huesos).

Es indispensable para el bienestar psicológico y emocional, el abrazar es una de las formas más naturales para demostrar afectos, el abrazo puede ser cariñoso, espontáneo, consolador o juguetón.

Todo nuestro alrededor y nosotros mismos funcionaríamos mejor si abrazamos y nos dejáramos abrazar. Un abrazo puede elevarnos cuando la vida nos empuja hacia abajo y si debemos sonreír, podríamos sonreír 1000 veces mejor.

Al abrazar reafirmamos la riqueza que nos nutre y también la alegría y ternura que habita en nuestro interior; en cada abrazo manifestamos nuestro afecto y cariño a las personas que amamos. Además, tiene muchísimos beneficios como aliviar dolor, soledad, tristeza, depresión, temor, ansiedad y acrecienta la manera de vivir, hace que veamos con mejores ojos todo nuestro entorno.

Cuando sentimos la necesidad de abrazar o ser abrazados, no tenemos que pedirlo ni ofrecerlo. Todo sería más lindo si nos abrazáramos espontáneamente, porque todos tenemos la necesidad de querer y ser queridos, de amar y ser amados.

Nos damos cuenta cuando una persona recibió poco afecto durante su infancia, por el hecho de que suelen ser muy pasivas y aceptan cualquier situación por el miedo a quedarse solas. Por tal motivo, todos los días debemos tratar de romper con nuestras barreras emocionales y brindar una poca de nuestra esencia a todo familiar, amigo, compañero, pareja, conocido o persona que cruce por nuestro camino; hasta Fido merece un abrazo de vez en cuando, ¿no crees?

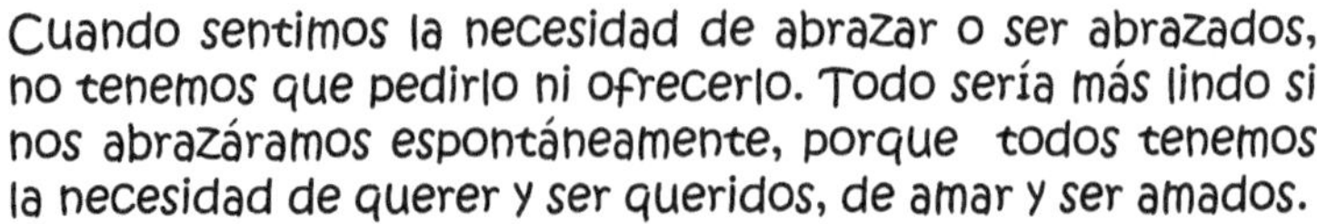

TIPOS DE ABRAZO

Existen diferentes tipos de abrazo y éstos pueden ser:

Abrazo de oso
Abrazo de mejilla
Abrazo sandwich
Abrazo impetuoso
Abrazo grupal
Abrazo zen diciendo ¡ooommm!
Abrazo de costado
Abrazo a Fido
¡y muchos abrazos más!

Pero el mejor abrazo es el abrazo a la medida:

Es aquél que brinda una sensación de seguridad y apoyo, éste debe ser largo, afectuoso, abierto y genuino. Es el que expresa amor puro e incondicional, de la manera más sublime; para este abrazo debes estar con la mente en el momento presente, aquí y ahora, alejar los malos pensamientos y tomar conciencia de la buena vibra que se está compartiendo.

Sea cual sea tu abrazo elegido, debe ser de calidad, desde lo más profundo de tu corazón y de lo más...

¡melocochón!

te abrazo
aunque
NO
estés

eL BeSO TRONADOOOOO:

El ósculo, el óscu... quééééééé?

Sí, llamado comúnmente beso, el ósculo es el acto de tocar con los labios generalmente a otra persona para demostrar afecto, cariño, ternura o amor. El primer beso que recibiste en tu vida, ése que no recuerdas porque eras muy pequeñita, te lo ha dado tu mamá, cuando tuviste la fortuna de llegar a este mundo.

Un beso tiene muchos efectos, nos mantiene sanas al igual que el abrazo, nos ayuda a bajar esas llantitas, puesto que por cada beso que damos quemamos aproximadamente 26 calorías, fortalece nuestro sistema inmunológico y prolonga nuestra vida. ¿Qué más podemos pedir?

Cuando besamos a otra persona estimulamos a nuestro cerebro y éste comienza a liberar oxitocina, la hormona responsable de que nos enamoremos y la que nos brinda una sensación de placer.

entonces debemos dar gracias a nuestra amiga la oxitocina!

¡Ahhhhh! gracias oxitocina! Por hacernos sentir cosas tan placenteras en nuestras vidas, ¿qué haríamos sin ti?

¿Sabías que la forma de nuestra boca y el grosor de nuestros labios dice mucho de la personalidad de cada persona?

la boca pequeña: Los que poseen este tipo de boca son personas frívolas y refinadas; por lo general, son personitas que saben lo que quieren y sus besos son apasionados ¡Uppsss! pero muuuuuy tiernos.

la boca grande: Estas personas suelen ser aventureras, sinceras y llenas de vitalidad; se sienten como Cristóbal Colón, porque para ellas cada beso es como un descubrimiento.

los labios delgados: Las personas con este tipo de labios, son duras y frívolas, pero sobretodo demasiado perfeccionistas; así que no estarán satisfechas tan facilmente hasta que estén convencidas que su beso fue de ¡10!

los labios gruesos: Estas personas son optimistas y saben disfrutar cada instante de su vida, para ellos cada beso es hiper, súper, truper disfrutable. ¡Mmmmm!

¡entonces a besar se ha dicho!

lléveloooo, lléveloo, lleve el que más le guste;

¡muuuuuuaaaccckkk!

Si tienes alguno de estos síntomas:

- ✓ Tu mirada es más luminosa que ayer.
- ✓ Sientes mariposas en la barriga.
- ✓ Sudoración de manos excesiva.
- ✓ Temblorina en las rodillas.
- ✓ Taquicardias repentinas.
- ✓ El rubor se apodera de tus mejillas.
- ✓ Sólo piensas en el chico de tus sueños.
- ✓ Al hablar sólo pronuncias el nombre de ese chico.
- ✓ Los minutos junto a él quisieras que fueran horas.
- ✓ Los errores de él son todos aciertos.
- ✓ Piensas que el dulce más dulce es él.
- ✓ Quieres escuchar su voz a cada momento.
- ✓ Los buscas por internet, teléfono, face, redes sociales, de manera incontrolada.
- ✓ Caminas lentamente cuando estás con él.
- ✓ Lo dejas de ver tres minutos y parece que ya pasaron 3 horas.
- ✓ Lees y relees sus e-mails, whats y mensajes de textos.

- Descuelgas el teléfono constantemente, revisas tu celular, crees que ningún aparato funciona porque no se ha comunicado contigo.

- No importa lo que se atraviese a tu alrededor, porque sólo tienes ojos para él.

- En todos los lugares cantas la canción que los hace soñar.

- Su olor lo identificas a miles de kilómetros.

- Estás tan distraída que no leíste el título de esta neta.

- Ahora lo buscas y no lo encuentras.

¡Ja, ja, ja!
¡Te cachamos, estás enamorada!

Ahí te va:

Sabes que estás enamorada cuando...

No tienes tiempo para nada, ni para ti.

Vives en otro...

¡Planeta!

¿Me quiere?
¿No me quiere?
¡Sí me quiere!

el arcoiris más luminoso de la tierra

los colores aportan una caricia a nuestra alma

Rodéate de miles de pequeños destellos de colores y déjalos actuar sobre tus sentidos; ten siempre en mente que los colores alegran nuestra esencia; ahora poco a poco, aleja los problemas de tu cabecita, al final del día caerás en cuenta que ninguna situación es taaan atosigante, porque al repasar lo que te agobia, te darás cuenta que tan sólo son cosas pequeñitas e insignificantes.

Mantén en tu mente cosas que te hagan reír, que aporten fuerza y alegría a todo tu ser.

Disfruta de todos los colores que se encuentran a tu alrededor, del hecho de estar viva y tener los pies sobre este mundo.

Para el buen humor, vístete con un **amarillo limón**.

El rojo, el color del amor aporta pasión, como la mejor mágica poción.

El verde es vida, úsalo de salida porque contiene mucha energía.

El azul simboliza tranquilidad, como un día soleado lleno de felicidad.

El rosa inspira tener un dulce día, como las tiernas pláticas que tenía con mi tía.

Y **el blanco** simboliza la claridad en nuestros pensamientos que se reflejan en muy buenos sentimientos.

Ahora que tu mente, cuerpo y espíritu desprenden destellos de luz, deja que brillen hacia el exterior; hasta que finalmente te veas envuelta en un aura resplandeciente, que te proteja tanto como el abrigo más calientito de tu armario.

recuerda…

El arcoiris más luminoso de la tierra eres…

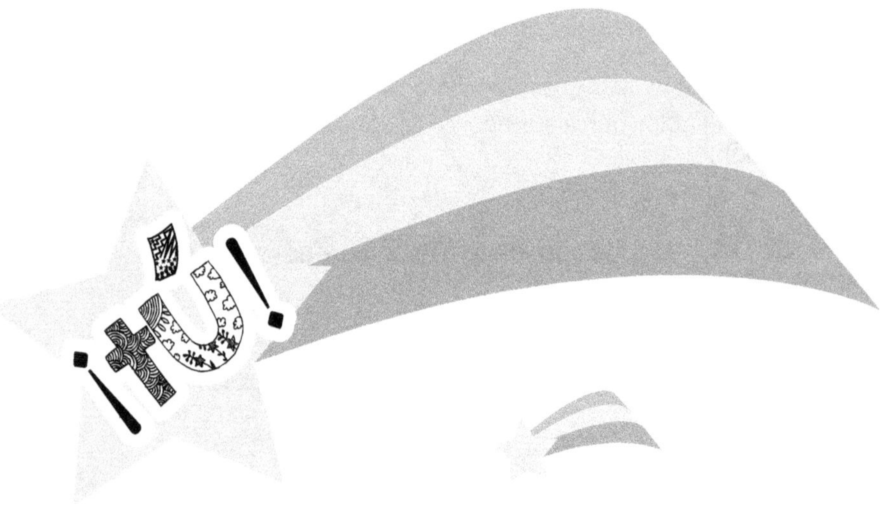

Curitas: Dícese de un pequeñito trozo plástico delgadito, engomado en sus dos extremos, con una pequeña telita al centro súper suavecita, pa´ no lastimar más la herida.

Uso: Pa´ unir todo tipo de corazones rotos y/o lastimados.

Presentación: En cajitas de 24 piezas, o de a peso cada una en la tiendita de la esquina, disponibles en color carne o con dibujitos.

Vida: Sólo se vive una vez.

Uso: Vivirla con la mejor actitud posible. Se recomienda condimentarla con una pizca de Chamoy o chilito piquín, pa´ saborear cada bello instante del día.

Presentación: Guapísimos o feitos, altos o chaparros, gordos o flacos, güeritos o morenitos, lampiños o peludos; pero lo más padrísimo, es que todos incluyen un corazón enorme, lleno de buenos y hermosos sentimientos.
(Elige la presentación que más te guste).

TU yo-yo interno, aquí sí es permitido

La autoestima es la opinión que tienes de ti misma, es la creencia profunda que tienes con respecto a tu valor como ser humano.

Son pensamientos que en algún momento de tu vida aceptaste como verdaderos y de allí en adelante permitiste que definieran tu vida; desde entonces, han determinado la manera en que piensas y como actúas.

Una autoestima sana es como un caparazón que te protegerá frente a los desafíos de la vida. Las personas que se sienten bien con ellas mismas son capaces de manejar mejor los conflictos y resistir las presiones negativas. Tienden a sonreír con mayor facilidad y a disfrutar de la vida.

Estas personitas son realistas y por lo general, muy optimistas.

Las personas que tienen una baja autoestima tienen dificultades para encontrar soluciones a los problemas, pueden volverse pasivos, retraídos, vulnerables y deprimidos.

Cuando tienen que hacer frente a un nuevo reto, su respuesta inmediata es "no puedo".

Es preferible vivir una vida intensa, que valga la pena, con abundancia, felicidad, alta autoestima, amor, comprensión y mucho éxito...

¿no crees?

Lograr esto es muy sencillo, sólo tienes que descubrir lo mejor de ti, la esencia de la persona que verdaderamente eres, mantener una autoestima alta y una apreciación real de ti misma. Con tan sólo intentarlo ganarás mucho y te lo agradecerás el resto de tu vida.

Si siempre has pensado que tienes valor como persona, te sientes bien contigo misma, te aceptas tal cual eres y sencillamente crees que eres encantadora; para ti es muy sencillo cambiar la dirección de tus pensamientos, de negativos a súper, hiper positivos.

Si diriges tu atención a todo lo que te construye, porque sabes que te libera y no juzgas, ni culpas a nadie por lo que sucede en tu vida, es porque tu autoestima es muy alta, de ésas que se les ve el principio pero no el fin.

Pero si sientes que tu autoestima está medio baja, no existe ningún problema, sigue estos pequeños consejos para elevarla hasta el tope:

1.•Fija tu atención sólo en pensamientos constructivos.

2.•Reconoce que los pensamientos que se sienten bien son los que te permiten crecer y los que se sienten mal te disminuyen; éstos hay que borrarlos completamente.

3.•Elige la dirección de tus pensamientos para que siempre sean positivos.

4.•Empieza a disfrutar de este camino, apreciando cada pequeño paso que logres dar.

5.•Decide si quieres un cambio importante en tu vida o si prefieres mantener el estilo de vida actual.

Tómate una píldora de ubicatex y repite estas palabras cada vez que estés en la depre y sientas que ya no puedes seguir adelante:

Yo elijo tener una autoestima alta, elijo sentirme muy bien conmigo misma, sé que tengo valor como persona, que merezco sólo cosas buenas y positivas; reconozco que algunas situaciones me han llevado por caminos inadecuados para alcanzar lo que más quiero, por eso, elijo libre y conscientemente cambiar todo lo que tenga que cambiar para entrar en esta nueva etapa de mi vida, conectar con mi esencia y así poder ser...

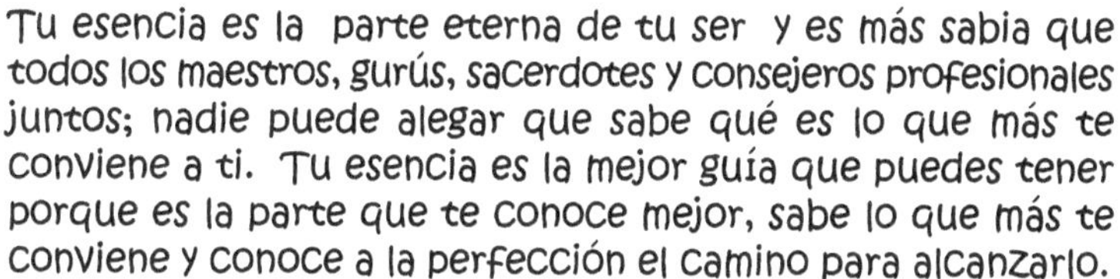

¡más feliz!

Tu esencia es la parte eterna de tu ser y es más sabia que todos los maestros, gurús, sacerdotes y consejeros profesionales juntos; nadie puede alegar que sabe qué es lo que más te conviene a ti. Tu esencia es la mejor guía que puedes tener porque es la parte que te conoce mejor, sabe lo que más te conviene y conoce a la perfección el camino para alcanzarlo.

Aunque no se comunica contigo de la manera acostumbrada, por teléfono, ni en mensajes de texto, ni por face, sabrás reconocer sus mensajes, porque existe una conexión desde tu corazón. ¡Ésta será tu brújula para salir de la espesura!

Cuando conectes con tu esencia, con lo mejor de ti, verás que todo lo demás se acomodará para sentirte mejor.

El universo siempre está dispuesto a complacernos, por eso estamos rodeados cada instante de buenas noticias. Cada mañana es una buena noticia, cada niño que nace es una buena noticia, si tienes en tu vida un gran amor es otra bella noticia, esta vida está llena de buenas y hermosas noticias.

Nuestro paso por la Tierra es tan corto que sólo debemos preocuparnos por disfrutar y gozar.

Repite estas palabras todos los días, porque tú eres la personita más valiosa de este mundo:

Yo soy una personita con muchos dones y muchísimas virtudes.

Yo soy maravillosa, inteligente, soñadora, muy capaz, bella, alegre, linda, fuerte, hermosa, trabajadora, triunfadora, práctica, sonriente, primorosa, gentil, buena consejera, encantadora, buena onda, pero sobre todo muy...

¡FELIZ!

Si no te quieres tú, ¿quién más te va a querer?

¿nooo?

nuestra mayor virtud es ser diferentes, no quieras imitar a nadie

¡pues no serás tú!
trata de ser auténtica
y te sentirás
¡mejor!

¡Buza Caperuza!

Y si de pronto te preguntas, ¿el nuevo chico lindo que conociste a la salida del cole, será tu príncipe azul???

Si ese chico mega guapo y gentil que te hizo sentir mariposas en la panza la primera vez que lo viste...

Y de pronto en la primera cita te encantó con sus tres kilos de palabras bonitas, y miradas de enamoramiento hasta que accediste a salir con él; así transcurrieron 10 citas, ni una más ni una menos y de pronto...

¡Oh no! Todo comenzó a suceder... ¿de su boca de ensueño, surgió su "yo yo" interno? "Cuidado" esta persona, quien te tiene cegada, no habla de otra cosa más que de él mismo?

Recuerda que el príncipe azul de ensueño es aquél que te hace sentir como la princesa más hermosa sobre la faz de la tierra; no aquél que trata de bajar tu autoestima con cualquier tipo de comentarios mal intencionados, con la finalidad de él sobresalir, en el momento que tú te sientas mal.

Tú eres la mujer más valiosa, bella, hermosa, encantadora, inteligente y audaz sobre esta tierra; nunca debes permitir que nada ni nadie te haga sentir lo contrario.

Tú mereces la mejor relación sentimental de este planeta llamado Tierra y de cualquier otro, aunque no sea descubierto por el momento. Imagina... que tal si en lugar de ligar con tu soñado príncipe azul, te topas con un alienígena morado, con el cual, ¡sí tienes la química deseada!

Mete dentro de tu cabecita...

La química es un elemento básico, único e irrepetible, es base de la atracción; claro sin dejar de lado la buena educación y los buenos modales. ¡Ponte Buza Caperuza!

¿Cómo es tu príncipe azul?

l Príncipe Azul soñado:

Si ése que estás esperando, por el cual podrías besar 30,000 sapos, bueno ese príncipe azul no dice mentiras, imagina de nuevo... ¿mi príncipe azul es un mentiroso?

Esto sí que no checa ni checará jamás, y peor aún si cuando se expresa de sus ex novias, lo hace con malas palabras y comentarios mal intencionados; como decía mi abuelita "los caballeros no tienen memoria"; ningún chico debe expresarse mal de ti, ni de otras personas.

Si su comportamiento te avergüenza y él no soporta que tú brilles como la estrella más alta del cielo estrellado, es porque tiene muchos complejos e inseguridades y por si fuera poco tiene mal carácter y siempre está jetón.

Tú no tienes porque justificar su actitud. Recuerda que tú vales muchísimo y mereces todo el respeto de este planeta, despide a este sapo maloliente y dale next a tu lista de pretendientes.

Tú eres digna de alguien de la realeza, pero no debe importarte el color de su sangre, si no de que te trate de ¡Lo lindo!

Tú necesitas una persona que nunca te lastime y mucho menos que te ofenda física ni emocionalmente, que te valore tal como eres, que te haga sentir que cuentas con todo su apoyo y protección. Esta personita se encuentra en algún lugar del mundo, país, ciudad, colonia o muy cerca de donde vives.

Ese chico encantador que te brinde **TODO** incondicionalmente, sí, ese alguien que esté a tu lado cuando más lo necesites, que no desacredite tus ideas, que se preocupe por tu bienestar, que entienda tus necesidades sin bronca alguna. Alguien por ahí te está esperando para darte tu lugar, respetarte, cuidarte y quererte mucho.

Recuerda que el chico que te quiere, ¡nunca te hará sentir mal!

Una relación de ensueño es la que te hace brillar, en la cual te sientas bien, querida, protegida, acompañada, pero sobretodo amada; todo esto y mucho más es para ti y nunca debes conformarte con menos.

Tú decides tu camino, estás aquí en este espacio y tiempo para elegir lo que más te conviene y no para que decidan lo que es mejor para ti.

No tomes el camino de la desesperanza, mejor toma el camino de la felicidad y de las buenas amistades. La vida es como un sendero que debes recorrer paso a paso, tranquilamente y esperando lo bueno de la vida; disfruta cada una de las alegrías que te depara el destino, toma sólo lo bueno y desecha lo malo.

Tú eres la única persona que puede tomar las mejores decisiones sobre tu vida, ésas que quieres y deseas de corazón.

Recuerda que tú eres la escritora de tu propio destino, sólo debes definir con quién quieres recorrer ese hermoso camino.

No debes permitir que cualquier sapo maleducado camine a tu lado, elimina de tu lista a todos los sapos que lleven consigo la palabra problema, en un letrero que se ve a 30 kilómetros de distancia.

Tú y solo tú tienes la última palabra para decidir cuál será el sapo que se apegue a tu sapo ideal; ¡sí! Ése que en un futuro se convertirá en el príncipe de tus sueños, recuerda que debes besar a varios sapos antes de encontrar a tu príncipe soñado.

Ten siempre presente en tu cabecita loca, que lo mejor siempre está por llegar, a todos los sapos desagradables ponles alas y mándalos a volar. Tú y tu alma gemela se encontrarán en el lugar menos pensado, en ese sitio que nunca antes habías imaginado, en el más escondido o concurrido que quizás nunca pensaste, pero no debes darle importancia a esto; el tiempo pasa en un abrir y cerrar de ojos, y el amor verdadero llegará cuando tenga que llegar.

tú mereces alguien que...

- sonría cuando tú rías.
- esté contigo en los momentos importantes.
- no salga huyendo cuando suceda algún problema.
- baile contigo, aunque no le guste.
- no diga que la música que escuchas es ridícula, aunque lo piense.
- sepa soñar y sobre todo luchar por sus sueños.
- camine a tu lado, no delante ni detrás.
- no sólo te deje volar, sino que vuele contigo.
- te brinde protección y seguridad, no porque lo necesites, sino porque él quiere.
- te defienda, aunque tú puedas hacerlo sola.
- te valore por lo que eres y no por lo que puedas llegar a ser.
- no se burle de ti cuando no des una.

¡a tu lado debe estar alguien que te quiera bien!

¿Príncipe azul?
verde, Anaranjado,
Rojo, Amarillo...
Amarillo
Rojo
verde
Morado

el sapo maloliente del pantano

¿**A**lguna vez tus amigas o la prima de una amiga, te han contado sobre un sapo maloliente del pantano?

Sí, ese sapo que se cree el más galán del mundo, ése que piensa que tiene a todas las ranitas del estanque a sus pies, y que no lo merece ni el agua de su estanque. Tal vez has escuchado sobre este sapo del que te estoy hablando, o quizás ¿ya te rompió el corazón uno de esta clase?

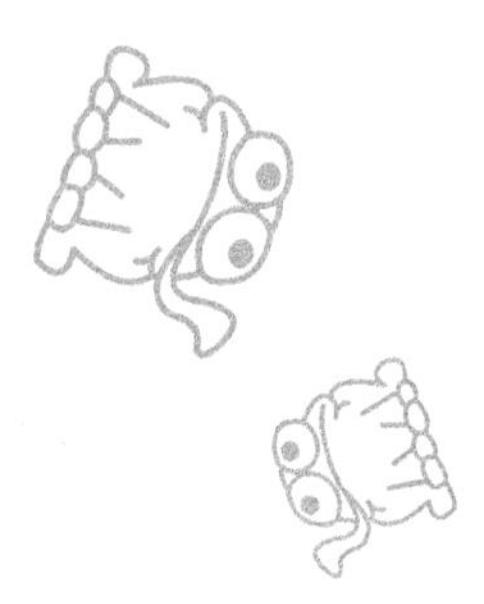

Estos sapos innombrables, dentro de su estanque también innombrable, son los que tienen como único objetivo enamorar y seducir a la ranita más linda del rumbo; para después, de lograr su objetivo, abandonarla.

Estos sapos se basan en cualquier técnica de salto para atrapar a su presa, por más laboriosa, absurda, divertida, aburrida o complicada que exista para llamar la atención; sin embargo, son incapaces de mantener una relación seria con ninguna ranita primorosa de este hermoso mundo.

Por lo regular son carismáticos y tienen pose de seductor, buenos modales, una educación de diez y muy buen sentido del humor, les gusta estar impecables, bien vestidos y lucir un corte de cabello intocable, son de ese tipo que tiene la etiqueta de "mírame a fuerzas". ¡Ah! Pero sólo un poquito porque me desgasto.

Ese del tipo que me contaba mi abuelita, y créeme que tanto las abuelitas como las mamás siempre tienen la razón!

Hay del tipo más "dangerous" que son los que de un solo salto te bajan el sol, la luna y las estrellas. Buscan su seguridad y confianza a través de miles de corazones rotos de las ranitas del estanque.

Si conoces a algún sapo de esta especie, o la prima de una amiga te ha contado, ten mucho "Cuidado"; mete el freno, después la reversa, da la vuelta y sigue tu camino pero en otra dirección.

Tú no tienes porque soportar malas, ni negativas situaciones, ni vivir al lado de un chico que no te valora lo suficiente. Debes aprender a darte tu lugar, porque un individuo que no se da cuenta de todo lo bueno que hay dentro de ti, es un sapoaraña que no vale la pena.

Tú mereces lo mejor y no un SAPO MALOLIENTE que te haga la vida de cuadritos y juegue con tus sentimientos.

SAPO
MALOLIENTE
iiiiiiiiUUUUUUUUUU

¡Alerta roja! ¡Alerta roja! ¡corazón sano, llamando a corazón bueno!

¿Qué tal esa noche que viste a tu galán saliendo del cine de la mano de otra?

Que !"#$%&/()=!"#$%&/()= Algo que nunca creíste que fuera capaz de hacer, algo inimaginable que ahora lo están viendo tus lindos y primorosos ojos.

¿INFIDELIDAD acaso? ¿Por qué a mí? ¿De dónde salió esa tipeja? Estas preguntas son las primeras que vienen a tu mente.

Pues no te rompas la cabeza, ni trates de culparte por su actitud, tú no tienes la culpa. La INFIDELIDAD no es algo que ocurre porque tu chico no sabía, ni porque así se dieron las cosas ¡ja, ja, ja!

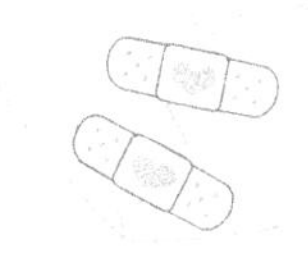

La INFIDELIDAD es algo planeado y anticipado, con toda la alevosía y ventaja de este mundo.

Los sapos de esta índole se basan en cualquier excusa para lavarnos el cerebro y el cerebelo, tratan de confundir todas nuestras neuronas y todo lo que se encuentre dentro de nuestra pequeña y redonda cabecita; para hacernos creer que ellos no tienen la culpa de nada, que algo se les metió entre ceja, oreja y sien. Inventan el cuento más largo y absurdo para que nosotras las hermosas princesitas volvamos a caer entre sus malas redes.

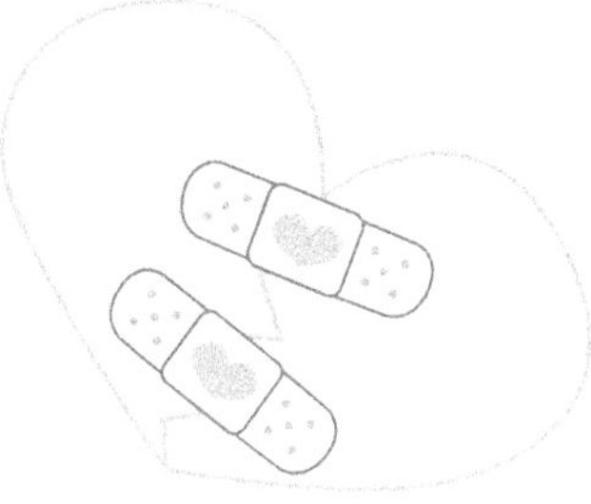

Pon un punto final a esa mala relación, el que sigue será 100,000 veces mejor, y el hecho de estar "ALONE" (sola) , es lo mejor que te puede suceder en esta vida; porque nunca encontrarás mejor compañía que la de ti misma.

Date cuenta de esto y pon tus alertas al máximo.

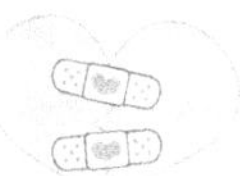

La INFIDELIDAD es una de las sensaciones más dolorosas, y un corazón roto no se cura ni con un camión repleto de curitas, tampoco es algo que nos podamos dar cuenta con una bola de cristal, ni con cartas de tarot.

Si esto llegará a ocurrir, recuerda no darle más importancia de la que merece, seguramente el tipo es un "equis" y no vale la pena sufrir por él; repite esto cada vez que te sientas en la depre "él se lo pierde y tú te lo ahorras".

Date otra oportunidad, o todas las que quieras, porque lo único y lo más importante en este mundo es tu felicidad y bienestar.

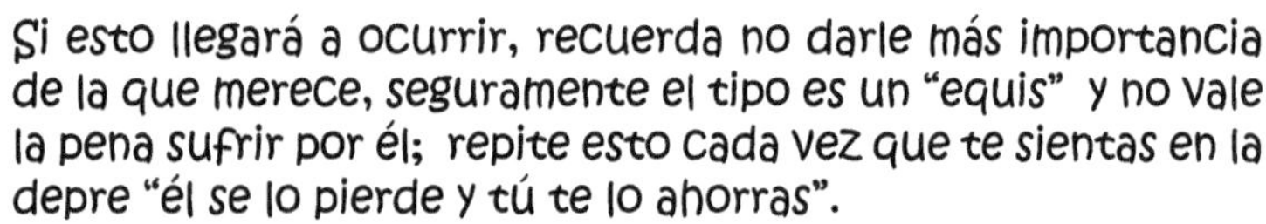

¡premio mayooor, premio mayooor!
¡el premio mayor, eres tú!

aquel chico mega guapo, al que idealizabas como tu chico perfecto, fijó sus ojos en otra chica menos hermosa que tú? ¡Por que tu eres la más linda obvio!

Te preguntas: ¿Cómo es que sucedió? ¿cómo puede ser si tú eres más hermosa, inteligente y buena onda? ¿si tú has hecho y dado todo por él? Y esta situación es algo que tu ardillita mental no puede entender.

¡CLARO! Es que esta chica antes mencionada, es la que actúa como si fuera un premio.

Sí, un premio de primerisísimo lugar, el que todos desean ganar pero que nadie puede obtener por más esfuerzos que hagan, así los chicos hayan atravesado el pentatlón más dificultoso del mundo, nunca lo podrán obtener.

Es que la tía de una amiga me contó alguna vez que a los chicos les gustan los retos, no les agradan las cosas fáciles.

Los hombres son cazadores por naturaleza, y por supuesto tiene toda la razón.

A los chicos les gustan superar obstáculos, entre más difíciles mejor, como decía mi abue: date a desear y él te valorará por lo que realmente eres; hazle saber que estás con él porque quieres y no porque lo necesites.

Hay una diferencia abismal entre querer y necesitar, y a ésta en mi pueblo la llaman...

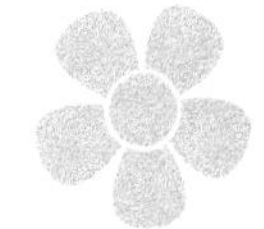

De ahora en adelante hazle creer que tú eres el premio más valioso, esa presea inalcanzable; pero antes de actuar, debes creerlo por ti misma.

Proyecta mucha seguridad y confianza en ti misma, hazle entender que necesitas de toda su protección y atención, al mismo tiempo que eres independiente y que también puedes sobrevivir sola; en pocas palabras, que lo necesitas, pero que no es indispensable.

Tanto más independiente seas de él, él demostrará más interés en ti, compórtate como un trofeo, y verás que hará cualquier cosa por obtenerlo.

Nunca compitas con las demás chicas por un chico, porque te menosprecias a ti misma, este mundo está lleno de chicos guapos, como el cielo de estrellas, y el chico que es para ti, será para ti.

Y si tu chico te pide que saltes del primer puente vecino a él, o que atravieses el río más largo y profundo por él, o cualquier otra prueba de amor, mejor dale por su lado y aléjalo de tu vida. Cualquier persona que te pida que hagas algo que no quieres por él, no vale la pena.

¡aléjalo! ¡o mejor aún aléjate!

Total ya llegará otro chico más guapo con un corazón a reventar de mejores sentimientos que nunca te pedirá nada a cambio de tu amor.

no olvides que...

¡El premio mayor, eres tú!

¡Puros cuentos!

Alguna vez hemos escuchado toda clase de cuentos, y de todos los tamaños, cuentitos y cuentotes, de un tomo o de varios con enriquecedoras moralejas; pero hay en existencia otros tantos de los cuales sólo podemos imaginar...

"Rayos y centellas"

¡Pon mucha atención! Los pretextos más comunes y menos convincentes para terminar una relación son :

1. No eres tú, soy yo:

Cuando una persona quiere terminar una relación, debe tener una razón muy clara y definitiva del por qué ya no quiere nada con su pareja, y al decir esta frase, "no eres tú soy yo" sólo deja al descubierto la falta de sinceridad y sobre todo de originalidad.

2. Es que en los últimos días hay una gran distancia entre nosotros:

¿O sea cómo? Es obvio que cuando ya no quieres estar más con esa persona trates de evitarla, o te portes distante, pero al escuchar esta frase, es más un reclamo que una excusa real para terminar la relación; por eso es demasiado frustrante e incomprensible esta situación.

3. Debo concentrarme en mis estudios o en mi trabajo:

Por Dios, ¿lo que escuchan mis oídos es verdad?
Cuando realmente se ama y se desea estar con la otra persona, no es nada complicado compaginar los tiempos con la pareja; es más, tener a alguien como compañero es un excelente aliciente para hacer las cosas de mejor manera.

4. Aún soy muy joven para tener una relación formal:

¡Ja, ja, ja! Este pretexto es de los que se escuchan con menos credibilidad. ¿No crees? Es tan sólo una excusa para ya no estar con esa persona en particular. Creo que ni idea tiene de la frase trillada: "El amor no tiene edad".

5. El psicólogo me dijo en la terapia que debo separarme de ti:

"A otro perro con ese hueso". El utilizar al psicólogo como excusa, además de quedar como una persona dependiente y sin voluntad, resulta poco creíble, porque pocos profesionales serios harían este tipo de indicación tan tajante. ¡En verdad que alguien lo ayude!

6. Es que no nos entendemos:

¿Acaso nosotras hablamos Chino mandarín?
Si esto fuera realidad, la manera para encontrar la mejor solución es buscar una buena comunicación, acompañada de la enciclopedia con mayores tomos o el diccionario más grande, ¿no?

7. Deberíamos conocer a otras personas:

Bueno al menos se esforzó en pensar una solución. ¡Ja, ja, ja! Al decir esto es porque la persona quien lo dice, es porque en realidad ya conoció a otra persona, que le interesa más. Dale Next!

8. Eres demasiado buena para mí:

Esta excusa no sirve de nada cuando las acciones indican completamente lo contrario. Si realmente pensara que su pareja es tan maravillosa, haría hasta lo imposible por estar a su lado. O tú dime si alguna persona busca lo malo para sí misma, por lo regular se busca el bienestar propio.
¡Dale Chance y después dale next!

9. Ya no existe la química que teníamos al inicio de la relación:

¿Qué, Quéééééé?
Es casi imposible mantener el estado de enamoramiento, o en este caso la química, todo el tiempo; puesto que la química de nuestro cerebro cambia continuamente, pero las sensaciones venideras seguirán siendo maravillosas. Por lo tanto, quien utiliza esto como excusa es porque a su ardilla no se le ocurrió otro cuento mejor.

10. Te mereces a alguien mejor que yo

Bueno es broma ¿o qué? Nadie más que tú sabe lo que es mejor para ti. Ninguna persona debe tomar decisiones por ti y nadie se menosprecia de a gratis. ¡Ay Ajaaa!!!

Y la que se lleva las palmas de oro:

11. Necesito tiempo para mí

En realidad mantener una relación no lo impide. Si ésta fuera una relación verdadera, bien podría acomodar su agenda para estar con la persona de la cual se está supuestamente enamorado y tener tiempo para sí mismo.

Pocos son los valientes que dicen la verdad al exponer sus motivos que los han llevado a tomar la decisión de no querer estar más con la otra persona.

No te preocupes, sigue adelante...

¡Lo mejor siempre viene por delante!

¡Lo mejor...
siempre
viene por
DELANTE!

¡sana, sana, si no sana hoy sanará mañana! ¿el duelo, duele?

¡Claro que duele! Si terminaste con tu chico por la razón que sea, yo sé que en este momento te encuentras en un estado de depre marca ACME, que no te alcanzan los pañuelos desechables y ya no tienes más lágrimas.

También sé que la ruptura en una relación, es un obstáculo difícil de superar; sin embargo, debemos afrontarlo con mucha seguridad.

Por lo general, el duelo es muy doloroso y crea una sensación de tristeza inmensa; pero si lo vemos con los mejores ojos, puede ser el mejor camino para establecer un nuevo contacto contigo misma y con el mundo.

Algunos corazones rotos después de haber sufrido una decepción amorosa quedan muy lastimados y tienen miedo de volver a amar; por este motivo existe la etapa de duelo, la cual debemos vivir aunque no sea fácil resistir, donde tenemos una oportunidad para recapacitar y cargar de nuevo las baterías para poder ser felices nuevamente.

El sufrimiento que provoca una decepción amorosa es uno de los sentimientos más dolorosos que un ser humano puede experimentar.

Y aunque las netas de este libro te recomiendan que debes vivir intensamente todos tus sentimientos como:

alegría, amor, paz y felicidad.

Pues lo mismo sucede con el sufrimiento, éste debes vivirlo
intensamente:

Llora hasta llenar una piscina, grita hasta que te escuchen al
otro lado del mundo, si es en Tangananinga que más da, total
allá ni te entienden, patea la almohada hasta que te conviertas
en la mejor goleadora del universo; y al final cuando hayas
expresado todo tu sentir compleméntalo con miles de risas y
carcajadas. Cuanto más intenso sea tu sentir, más profundo
será tu sufrir y más pronto encontrarás de nuevo tu felicidad.

Así como aprendemos a amar, también debemos aprender a
sufrir.

No te preocupes y mejor ocúpate, cuando nuestra mente
está angustiada deja de buscar realmente soluciones. Abre
tu cerebro y piensa en cosas positivas, en todo lo que
realmente vale la pena, en pensamientos que te hagan sentir
bien.

¡Es tiempo de creer en tu capacidad para salir adelante, y
tener confianza en ti misma!

Debes poner toda tu atención en todo lo positivo, y poner
100% de empeño en todo lo que realices, ¡te debes ocupar
mejor en ser feliz!

No olvides que todos los resultados positivos los tiene tu
mente.

El duelo es temporal, ¡si no hay lección no hay evolución!
Toma esta situación como un aprendizaje; no desesperes si
las cosas no resultan como tú esperabas.

Repítete a ti misma que todas las cosas suceden por algo; hay
que aprender a esperar, cuánto más larga sea la espera, más
dulce el fruto será.

¡Algunas veces no obtener lo que quieres, puede ser tú mejor golpe de suerte!

Sólo tienes que decir sí a la vida, ser feliz y vivir cada momento intensamente. ¿Suena difícil? Para nada, no todo es como aparenta.

Tienes que aprovechar y disfrutar las cosas buenas que la vida te ofrece de manera gratuita. No debes distraerte en cosas banales, como en un chico que no vale la pena.

Cambia todo lo negativo por positivo, y repite 10,000 veces soy inteligente, saldré adelante, superaré el problema, nada me detendrá, no me dejaré vencer, todo en esta vida es posible.

Yossí quiero y Yossí puedo, porque soy la personita más valiosa sobre la tierra. Sigue los pasos que trae tu destino, no hay nada mejor para ti misma que seguir tu propio camino.

Toma conciencia de tus emociones, debes atravesar este duelo de la manera menos dolorosa, debes perdonarte y saber perdonar a la persona que te hizo sentir mal.

Dale la bienvenida a la soledad, la cual es comprensible y en verdad lo mejor que te puede pasar es tener un tiempo para ti misma y así poder realizar cosas que te hagan sentir plena y llena de felicidad.

Recuerda las sabias palabras de Pepe Pepe: ya lo pasado, pues ¡ya fue!

YOSSÍ...

¡Tengo la seguridad de que puedes salir
adelante porque tú eres grande!
Pronuncia en voz alta: sana, sana, si no sana
hoy, sanará mañana. ¡El duelo ya no duele!

¡Si no hay
lección,
NO HAY
EVOLUCIÓN!

LOS CELOS SON LOS PEORES CONSEJEROS

Los celos son un estado de ansiedad, que presenta una persona, su principal característica es el miedo a perder lo que se tiene; por el constante temor a ser abandonados, todo este embrollo es causado por la desconfianza, la baja autoestima y múltiples inseguridades.

Los celos son considerados como un sentimiento, así como el amor, la tristeza, la alegría y muchos otros; son sentimientos universales, en pocas palabras se sienten igual aquí, que en China.

Los celos no son consecuencia de gran amor y mucho menos indican cuanto se quiere, se necesita o se desea a otra persona.

Los celos también se originan por otras causas, como la posesión, sospecha en la persona amada, y la peor de todas, la necesidad de controlarte. Si esto está ocurriendo en tu vida, pon un alto; no te dejes, ningún ser humano es dueño de nadie, todos nosotros necesitamos que se respete nuestro espacio y nuestra libertad.

¡mucho ojo! Nunca se debe confundir, "es mi pareja, con: es de mi propiedad"

Los celos rompen con las relaciones de pareja, por su posesividad y persecución asfixiantes. Los mejores instrumentos para mantener el equilibrio en la pareja son:

Tolerancia, comunicación, confianza, ternura, comprensión, contacto amoroso, pero sobretodo...

"Respeto"

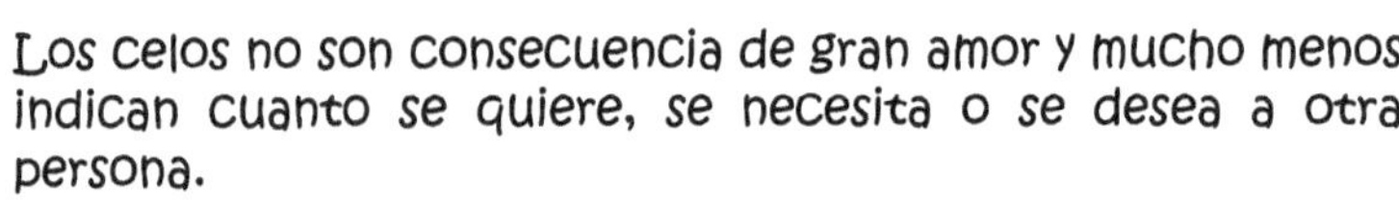

Mientras más perfecta sea una relación, más miedo sentimos de perderla, las personas celosas no se sienten merecedoras del amor de su pareja y esta situación lleva a desconfiar de la sinceridad y cariño del otro. Una relación ideal está llena de bellos e inolvidables momentos, pero también de malos momentos y complicaciones, pero esto es normal, no te debes espantar.

Sentir celos de forma moderada es una respuesta emocional normal y en pequeñas dosis ayudan a potenciar la relación, pero cuando no es así, se nubla toda la razón.

Una persona celosa, no es celosa por lo que ve, sino con lo que se imagina es suficiente, y para no parecer una celosa psicótica, debes trabajar la seguridad en ti misma.

Procura ser tolerante y dar su espacio a tu pareja. Haz a un lado los impulsos malvados de estar en todo momento controlando, y preguntando lo que tu chico hace; no lo atosigues, esto no es sano, mejor habla claramente de lo que ocurre y ¡aclaren juntos sus ideas!

"El celoso ama más; pero el que no lo es, ama mejor"

LOS celos son los peores consejeros

No dejes que esta sensación maneje tu vida como una marioneta, corta estos hilos de una vez por todas.

Los celos son
los peores
consejeros

Remedio para el paciente impaciente:

La paciencia es una gran virtud que nos invita a darle tiempo al tiempo, puesto que sólo él nos revelará la verdad.

La paciencia es un estado mental que todos los seres humanos debemos mantener, nunca debes correr sin antes aprender a caminar; para realizar las cosas de la mejor manera tenemos que hacerlas con la paciencia de un buen pescador.

Lo mismo sucede con el amor, es importante conocer a nuestra pareja, compartir momentos; primero que nada como amigos, para así saber sus gustos e inquietudes, descubrir si en verdad existe química entre las dos personas.

Seguramente ya has olvidado todas las situaciones increíbles y maravillosas que te han dejado una sonrisa; en definitiva, así somos las chicas, siempre tenemos en mente todo lo malo, nos cuesta tanto dejar atrás todo lo que nos ha lastimado.

Siempre estamos reprochando y echando en cara lo que nos hicieron: si no te felicitó en tu cumple, que no te regaló nada el Día del Amor, la Navidad pasó de noche para él, no recordó su aniversario.

¡Snifff!

En fin, tantas y tantas cosas que acontecen todos los días.

Pero ahora es cuando puedes darte un pequeño respiro para recordar cada cosa linda que te ha sucedido a lo largo de tu vida; todos esos lindos recuerdos harán que tú seas más positiva y agradable.

Así, tu sonrisa no será una simple sonrisa, sino la más brillante de este universo, llena de alegrías y actitudes proactivas que te han ayudado a crecer día a día.

Mírate al espejo, checa una fotografía y te darás cuenta que eres una personita muy atractiva.

Remedio para el paciente impaciente

Toma una dosis de 30,000 miligramos de paciencia, diluidas con 20 gotas de esperanza y 2 cucharadas de felicidad; agita bien, bébelo, transcurridos 30 minutos párate frente a un espejo y verás como empieza a aparecer sobre tu rostro una sonrisa serena, llena de paz y tranquilidad.

Aleja de ti toda partícula pesimista y almacena sólo las de optimismo y buena voluntad porque, aunque no lo creas, son las que podemos encontrar en cualquier rincón de nuestra habitación con mayor facilidad.

Todo lo que se encuentra a nuestro alrededor está a reventar de buena vibra y de lindos y asombrosos recuerdos; echa un vistazo, haz memoria de todos los bellos momentos que se encuentran almacenados y muy bien atesorados.

Ten presente que todo en esta vida tiene un sentido y una solución, la neta "no hay mal que por bien no venga" hoy toma más sentido que nunca.

Escribe sobre tu corazón estas palabras: "Yo soy la mujer más paciente del mundo y lo transmito a través de mi sonrisa, la cual irradia toda la alegría de mi ser, porque soy la personita más paciente y optimista de este mundo"...

y seré feliz con lo que traiga mi porvenir

Toma una dosis de 30.000 miligramos de paciencia, diluidas con 20 gotas de esperanza y 2 cucharadas de felicidad; agita bien, bébelo y transcurridos 30 minutos párate frente a un espejo y verás como empieza a aparecer sobre tu rostro una sonrisa serena, llena de paz y tranquilidad.

neta 20
Remedio 2

Remedio contra el mal humor y la cara de pocos amigos

Vierte una o dos gotas de líquido concentrado de buen humor en un vaso de agua, bueno si consigues uno de plástico que mejor; bébelo durante la siguiente hora poco a poco, así hasta 10 veces al día o completar el litro y medio de agua, lo que suceda primero.

Lleva a cabo este tratamiento 1 año, con 5 meses, 6 horas, 30 minutos y 15 segundos antes de tener la cita con ¡el chico de tus sueños!

Este remedio fortalecerá tus nervios, evitará que te suden las manos, te protegerá contra los abismos en el alma, situaciones de mal humor y enfado repentino; cambiando todos estos síntomas por un excelente buen humor y una enorme sonrisa que terminará por enamorar a tu galán.

De mí te acordarás si sigues estos consejos a la par

La risa, la mejor medicina

¿hoy no te sientes bien?
¿sientes algún malestar?

¿Tienes dolor de panza, cabeza, garganta, muela, cólicos o el peor de los malestares... alguien te dejó el corazón roto?

No te preocupes, en ti está el mejor remedio, pa´cualquiera de éstas y otras dolencias.

Las carcajadas poseen algo así, como una varita mágica que tiene el poder de liberar a nuestro organismo de energía negativa.

Cuando reímos, nuestro cerebrito emite la información necesaria para activar la segregación de endorfinas y encefalinas, encefa...¿quééé?.

Si, las encefalinas son unas sustancias que tienen la capacidad de aliviar el dolor, e incluso de enviar mensajes desde nuestro cerebro a otras células para combatir los virus y las bacterias. De ellas depende algo tan sencillo como estar bien o mal.

Las endorfinas elevan el tono vital y nos hacen sentir más despiertos. Nos hacen ser más receptivos y ver el lado positivo de las cosas.

La risa es muy contagiosa; puedes contagiar a todo el mundo con una risa repentina.

aprender a reír es más importante de lo que parece a simple vista

Debemos aprender a reír de una manera natural y sana, primero con nosotros mismos y después con los demás; nuestras carcajadas deben salir de lo visceral a lo irracional, como cuando eras una niñita. ¿Lo recuerdas?

La risa tiene efectos físicos; aunque no lo creas con cada carcajada se ejercitan cerca de 400 músculos, incluidos algunos del estómago que sólo se activan con la risa.

Con las lágrimas se lubrican y limpian los ojos.

La carcajada hace vibrar la cabeza, despeja la nariz y hasta el oído.

Entra el doble de aire en los pulmones, dejando que la piel se oxigene más.

Cinco o seis minutos de risa continua son el mejor analgésico.

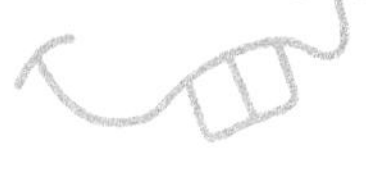

Rejuvenece al estirar y estimular los músculos de la cara, creando un efecto tonificante y antiarrugas; ¡sin tener que utilizar cremas costosas!

Fortalece a los pulmones, pero sobre todo al corazón.

Las carcajadas generan una sana fatiga que elimina el insomnio.

Reírse es una función biológica necesaria para mantener el bienestar físico y mental.

Es una forma excelente para lograr la relajación, abrir nuestra capacidad de sentir y de amar. Y por si esto fuera poco te verás más bonita.

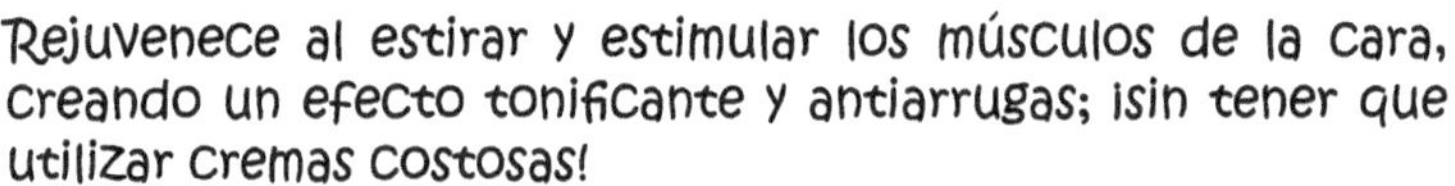

sólo debes reír hasta que los músculos de tu
cara se paralicen, yo me río así: ja, ja, ja, ja, ja, ja,
ja, ja, ja, ja, ja, ja, ja, ja, ja, ja, ja, ja, ja, ja, ja, ja,
ja, ja, ja, ja, ja, ja, ja, ja, ja, ja, ja, ja, ja, ja, ja, ja,
ja, ja, ja, ja, ja, ja, ja, ja, ja, ja, ja, ja, ja, ja, ja, ja,
ja, ja, ja, ja, ja, ja, ja, ja, ja, ja, ja, ja, ja, ja, ja, ja,
ja, ja, ja, ja, ja, ja, ja, ja, ja, ja, ja, ja, ja, ja, ja, ja,
ja, ja, ja, ja, ja, ja, ja, ja, ja, ja, ja, ja, ja, ja, **y mi prima
se ríe así:** ja, ja, ja, ja, ja, ja, ja, ja, ja, ja, ja, ja, ja, ja, ja, ja,
ja, ja, ja, ja, ja, ja, ja, ja, ja, ja, ja, ja, ja, ja, ja, ja, ja, ja, ja,
ja, ja, ja, ja, ja, ja, ja, ja, ja, ja, ja, ja, ja, ja, ja, ja, ja, ja, ja,
ja, ja, ja, ja, ja, ja, ja, ja, ja, ja, ja, ja, ja, ja, ja, ja, ja, ja, ja,
ja, ja, ja, **y mi amiga así:** ja, ja, ja, ja, ja, ja, ja, ja, ja, ja, ja,
ja, ja, ja, ja, ja, ja, ja, ja, ja, ja, ja, ja, ja, ja, ja, ja, ja, ja, ja,
ja, ja, ja, ja, ja, ja, ja, ja, ja, ja, ja, ja, ja, ja, ja, ja, ja, ja, ja,
ja, ja, ja, ja, ja, ja, ja, ja, ja, ja, ja, ja, ja, ja, ja, ja, ja, ja, ja,
ja, ja, ja, ja, ja, ja, ja, ja, ja, ja, **y dicen que la prima de
mi amiga así:** ja, ja, ja, ja, ja, ja, ja, ja, ja, ja, ja, ja, ja, ja, ja, ja,
ja, ja, ja, ja, ja, ja, ja, ja, ja, ja, ja, ja, ja, ja, ja, ja, ja, ja, ja,
ja, ja, ja, ja, ja, ja, ja, ja, ja, ja, ja, ja, ja, ja, ja, ja, ja, ja, ja,
ja, ja, ja, ja, ja, ja, ja, ja, ja, ja, ja, ja, ja, ja, ja, ja, ja, ja, ja,

y el gordito panzón de santa claus así:
jo. jo. jo!
bueno aquí todo está permitido!

cada quien tiene su propia personalidad

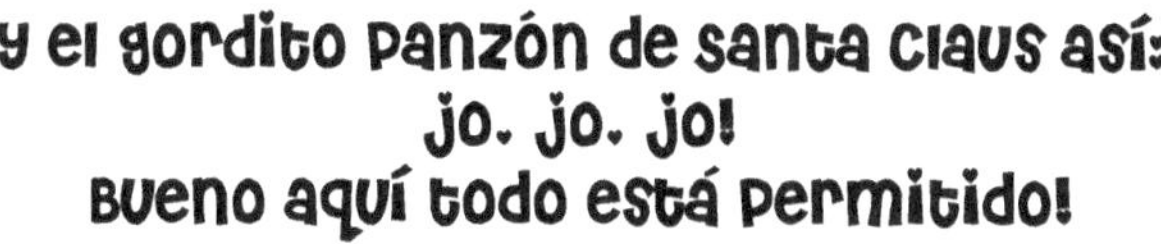

¿nooo?

sé que en este momento tienes una linda sonrisa dibujada
sobre tu cara. pues déjala ahí hasta que vayas a la cama.

y tú ¿cómo ríes?

j a, j a, j a!!!
jajajaja!!!
JA. JA!
ja
ja. ja!
j a

Los 10 mandamientos para ser... súper, hiper, mega... feliz!!!

1º. Aprende a amar y a perdonar a tu prójimo.

2º. Ríe y sonríe en todo momento.

3º. Sé optimista, piensa positivamente.

4º. Disfruta de cada momento al máximo, recuerda que sólo se vive una vez.

5º. Abraza sin miramientos ni remordimientos; todos necesitamos de vez en cuando un abracito.

6º. Siembra la semillita de la amistad. Rodéate de la mayor cantidad de amigos posibles.

7º. Nunca niegues la ayuda a las personas que te rodean, si ésta en tus manos ayudar: ¡Ayuda!

8º. Realiza las cosas que deseas, sin importar lo que piensen los demás.

9º. Corrige tus errores y aprende de ellos.

10º. Sé muy, pero muuuy...

¡Feliz!

Disfruta de
CADA momento
AL máximo

Dulces sueños

✝odas las noches antes de ir a dormir deberás repasar rápidamente todas las cosas gratificantes vividas durante el día.

Realmente te sorprenderás de todas las cosas bonitas que pueden pasar a lo largo del día, ¿no?

Si abres los ojos a las pequeñas cosas que nos brinda la vida, siempre vas a poder encontrar la felicidad.

No le prestes ninguna importancia a los acontecimientos desagradables. Disfruta de todo lo que sucedió a tu alrededor con cada uno de tus sentidos.

Trata de recordar sólo lo bello y agradable, llena todos tus pensamientos con estas sensaciones, repítelos una y mil veces hasta que Morfeo te lleve al país de los sueños.

¡Todo esto te brindará dulces sueños y un despertar felizzz...!

¡Buenas noches y sueña con los angelitos!

Dulces
Sueños!

¡prueba superada!

¿Qué sería? si yo fuera...

Un **DUICe** sería un...**chamoy** 
(Para darle ese sabor picoso-dulzoso a la vida)

Una **Fruta** sería una... **Pera** 
(Porque el que no es pera, desespera)

Un **Color** sería...**Fiusha**
(Por ser el color del amor, la amistad y la felicidad)

Una **Flor** sería una... **margarita** 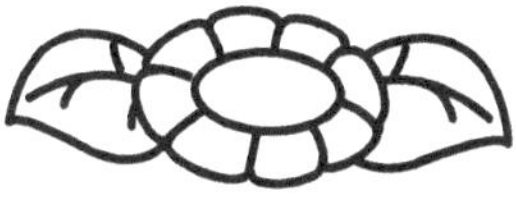
(Por romántica y sencilla)

Un **órgano del cuerpo humano** sería...**El corazón**
(Porque es el que siente el amor)

Una **Palabra** sería... **¡Feliz!**
(Porque es la suma del bienestar de todos nuestros sentidos)

Un **tiempo verbal** sería... **tiempo presente** 
(Porque ni el pasado, ni el futuro existen)

Una **Parte del cielo** sería una **nube**
(Para poder viajar y descubrir la libertad)

Una **Parte del universo** sería una... **Estrella**
(Por luminosa y amistosa)

Un **Sentimiento** sería... **amor** 
(Porque es el que habita en los corazones)

Una **PARTE DEL ROSTRO** sería una... **SONRISA**
(Para así expresar lo feliz que soy)

Un **PÁJARO** sería un... **COLIBRÍ** 
(Porque es el pajarito del amor)

Un **REFRESCO** sería un...**refresco chaparrito**
(Por dulce y pequeñito)

Una **PREGUNTA** sería... **El signo de interrogación**
(Porque sin mí no habría pregunta ¡jeje!)

Un **PENSAMIENTO** sería... **El más PROFUNDO**
(Ése que no deja dormir; jeje!!! Otra vez!!!)

Y TÚ ¿QUÉ SERÍAS...?

¡ah! se me olvida compartir contigo que ...

sea lo que quieras ser: lo más acertado en esta vida es lo que eres en este momento y lo que ¡llegarás a ser!

Se optimista
piensa...
positivamente

misión cumplida!!!

Si alguna vez te cuestionaste el por qué de las cosas o situaciones? Si pasó alguna vez por tu cabecita esta pregunta:

¿por qué me sucede esto a mí?

Espero en verdad, con todo mi corazón, que este libro primoroso te haya ayudado a recapacitar en muchos aspectos de tu vida y a superar algunos momentos de los cuales no entiendes el por qué.

No te preocupes, todas nosotras estamos expuestas al truene, soledad, enamoramiento, felicidad, tristeza, alegría, y otras tantas emociones relacionadas con el chico que nos trae de cabeza.

Deseo firmemente que este libro te impulse para que abras tus alas de par en par, súper enormes, para que emprendas el vuelo al cielo inmenso. Siempre con la mejor actitud y decidida a aprender, olvidar, perdonar, reconocer, pero sobre todo a amar. Ten en mente que en ti está encontrar lo más pronto posible. ¡Tu felicidad!

Todos tus recuerdos, tanto positivos como negativos, ya forman parte de tu ayer; guárdalos con cariño, cuídalos y atesóralos por siempre.

En este momento disfruta del aquí y del ahora, cada minuto que pase en tu vida, no se volverá a repetir.

El trayecto que transites día a día es tu esencia misma; este camino que has elegido es el mejor, gózalo intensamente: Cantando, sonriendo, jugando y bailando al ritmo que marca tu armoniosa existencia.

Durante tu andar sobre este paraíso terrenal, voltea tu mirada hacia el cielo, detente un instante y observa a cada una de las estrellas; ellas son fieles testigos de todas las decisiones que quieras tomar.

Nunca olvides que tú eres la compositora de la más hermosa melodía:

Todas las etapas de ésta son maravillosas, sólo debes darle "tiempo al tiempo" para que las descubras paso a paso; sin pretender dar grandes saltos, y así conservar lo más gratificante que cada una de éstas trae consigo.

Cuando vuelvas tu cabeza hacia atrás, deberás sentirte orgullosa del camino tan bello, floreado, lleno de armoniosos aromas y brillantes colores, que decidiste recorrer; y de todas las personitas que te acompañaron en esta hermosa travesía.

Todo esto es con el fin de que tu vida esté llena de miles de cosas grandiosas por conocer, la vida es corta, ama de verdad, perdona rápido, ríete sin control.

nunca dejes de sonreír, por más extraño que sea el motivo

Puede ser que ésta no sea la fiesta que esperábamos, pero en tanto estamos aquí, debemos bailar, jugar y disfrutar de cada instante.

Tú eres la jugadora más importante en este hermoso juego; sea cual sea la posición que te haya tocado jugar, debes de ser la mejor y la más destacada.

Recuerda dar siempre lo mejor de ti, sin que nada ni nadie te detenga.

Tú eres una chica muy valiosa, sólo debes creértela, jamás permitir que algo o, peor aún, alguien trate de hacerte creer lo contrario; busca siempre el lugar que mereces.

Siempre ten en mente la mejor actitud sin olvidar la sonrisa más grande, te prometo que lo ilograrás!

¡Ahhh! Olvidaba decirte que ya eres una ganadora porque al comprar este libro no sólo compraste un texto común y corriente; por el contrario, encontraste una llave maestra, con la que podrás abrir muchas puertas, espero te sea de gran ayuda.

¡Por cierto! Si esto fuera poco, en éste librito conociste a una mejor amiga más...

¡misión
CUMPLIDA!

Título: Animonías y Curitas pa´la Vida
Autora: Mónica Karelly Vega Parra
Ilustración: Mónica Karelly Vega Parra
Corrección de estilo: Jacqueline Ortega

Eduardo Molina #48 Col. Juan González Romero
C.P. 07410, Alcaldia Gustavo A. Madero
México D.F.

1a. edición
Noviembre del 2014
ISBN:978-607-00-8447-8

El destino quiso que te conociera así que...
Tu opinión es muy importante para nosotros.

Regálanos un like y siguenos en Facebook:

facebook/animonias

Esta obra se terminó de imprimir en Noviembre del año 2014

En los talleres de Aquarela Gráfica, S.A. de C.V.

Andalucia #151, Colonia Alamos,
Alcaldia Benito Juárez, C.P. 03400
México D.F.